LES BEATLES

“LES ÉTOILES”

LES BEATLES

“Les Étoiles”

Arthur Davis

GREMESE

REMERCIEMENTS

L'Auteur et l'Editeur remercient et citent ci-dessous les textes desquels sont extraites certaines citations :

Roy Carr et **Tony Tyler**, *The Beatles - An Illustrated Record*. **Alan Clayson**, *The Quiet One — A Life of George Harrison*. **Alan Clayson**, *Ringo Starr - Straight Man or Joker?* **Hunter Davies**, *The Beatles*. **Chet Flippo,** *McCartney — The Biography*. **Geoffrey Giuliano,** *The Beatles - A Celebration*. **Andy Peebles,** *The Lennon Tapes*. **Neville Stannard,** *The Long and Winding Road*. **Neville Stannard**, *Working Class Heroes*. **Elizabeth Thomson** et **David Gutman** (eds), *The Lennon Companion*.

CRÉDITS PHOTOGRAPHIQUES

©Apple/Walter Shenson Films pages 28, 35; **©Apple** page 55; **Camera Press, London** pages 2, 21; **Camera Press, London/Terence Spencer** pages 15, 19, 22, 25, 33, 40; **Camera Press, London/Frank Hermann** page 45; **Camera Press, London/David Nutter** page 50; **Camera Press, London/John Kelly** page 52; **Ronald Grant Archive** page 26; **Pictorial Press** IV[e] de couverture, pages 8, 16, 20, 24, 27, 31, 37, 38, 43, 46, 48, 49, 53, 56, 64; **Pictorial Press/Bob Green, Star File** p.69; **Pictorial Press/Terry McGough** page 76; **Range/Bettman/UPI** page 32; **Rex Features** couverture, pages 58, 71, 77, 79; **Rex Features/Fotex/H. Galuschka** page 62; **Rex Features/Richard Fitzgerald** page 67; **Rex Features/Brian Rasic** pages 72; **Topham Picture Source** pages 6, 13; **Topham Picture Source/Press Association** page 11.

Titre original: "Quote Unquote" - The Beatles

Conception graphique: Crump Design

Traduction de l'anglais: Blanche Bauchau

Photocomposition: Gescom

Achevé d'imprimer en 1997 sur les presses de l'imprimerie
Arti Grafiche Italo Cernia s.r.l. - Italie

Boîte Postale 14301 - 00149 Rome

ISBN 88-7301-200-0

SOMMARIE

OUVERTURE

« Paul est venu à la maison un soir voir le manuel de guitare que j'avais et que je n'aurais jamais pu utiliser tout seul. Nous avons appris deux accords et avons décidé de jouer " Don't You Rock Me, Daddy-O " sur ces deux accords ».

GEORGE

PAGE PRÉCÉDENTE : *Les Beatles jouent au Cavern Club de Liverpool.*

L'histoire du groupe le plus légendaire de musique pop de tous les temps a commencé à Liverpool, cette ville portuaire au nord-ouest de l'Angleterre, à la population cosmopolite, comme beaucoup de villes de ce genre, qui sont visitées en coup de vent par des bateaux du monde entier qui y déchargent leurs marchandises et y débarquent leurs passagers. Des disques des États-Unis arrivaient dans des magasins locaux et ensuite entre les mains de jeunes de Liverpool abrutis par le rock 'n' roll, mélange de musique country blanche et de *rhythm and blues* noir qui a bercé l'Amérique au milieu des années 50 juste avant d'envahir la Grande-Bretagne.

John Lennon était un de ces adolescents de Liverpool. Il y était né le 9 octobre 1940. Son père, Fred Lennon, marin, passait plus de temps éloigné de sa mère Julia (elle inspirera à John une chanson pour le « double album blanc » de 1968) qu'avec elle. À cause de la vie désordonnée de Julia, John est élevé par Mimi, la sœur de Julia, et son mari, qui ont donné à son enfance la stabilité qu'il n'aurait pas eue autrement. Malgré cela, le jeune John Lennon était un élément pertubateur à l'école et semblait de loin plus captivé par la musique pop que par son éducation. En 1956, John et quelques copains de classe créèrent un groupe de skiffle, les Quarrymen, à l'image du groupe de Lonnie Donegan, le roi anglais du

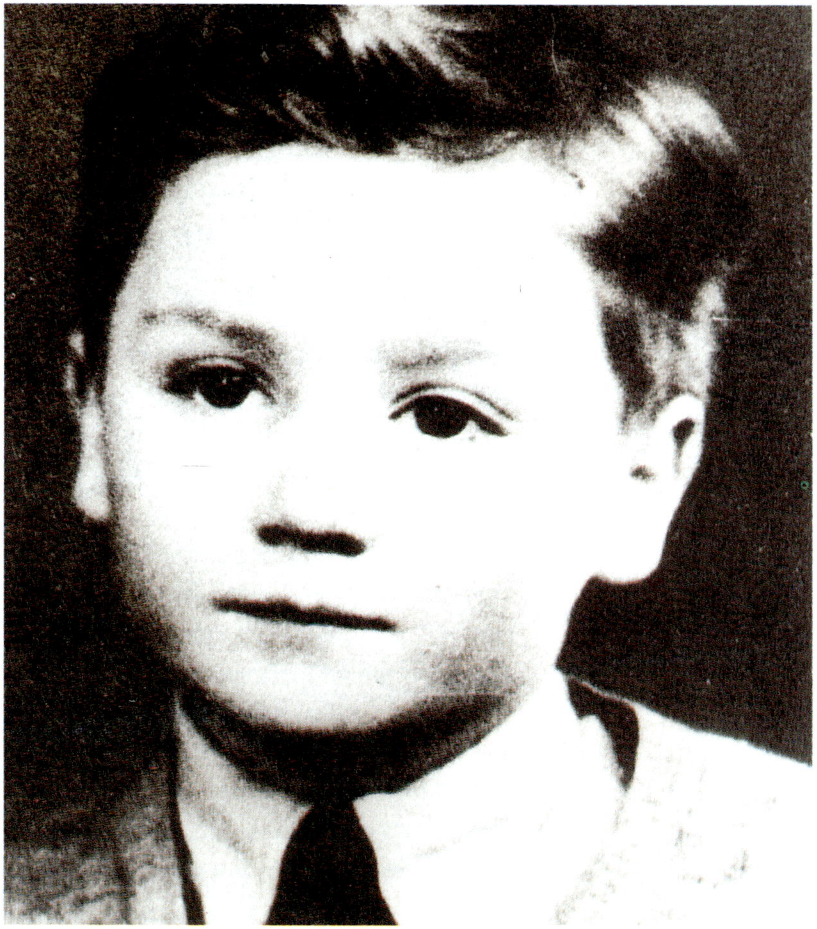

Ci-dessus : *John Lennon enfant – tendresse et douceur*

skiffle, dont la chanson « Rock Island Line » avait été un tube du Top Ten américain.

Paul McCartney, né le 18 juin 1942, a reçu une éducation tout à fait normale. Sa mère, Mary McCartney, était infirmière, et son père, James, avait dirigé autrefois un groupe de jazz sans grand relief. Mary McCartney mourut tragiquement du cancer en 1955. Comme John, Paul se référera aussi à sa mère, Maman Mary, dans une de ses chansons (« Let It Be »). Paul est lui aussi fasciné par le rock 'n' roll. Il s'acheta une guitare, et apprit lui-même à chanter et à jouer de nombreux succès de l'époque comme ceux de Gene Vincent, Little Richard et Eddie Cochran.

McCartney rencontra pour la première fois John Lennon, son futur parolier et talentueux collaborateur, en 1957 lors d'une soirée à l'église locale où les Quarrymen se produisaient. Il finit par s'associer à eux et faisait donc partie du groupe fin 1957 quand celui-ci joua pour la première fois au Cavern, un club de jazz du coin ; là on leur demanda de s'en tenir à jouer des morceaux de skiffle plutôt que de rock 'n' roll, jugé peu convenable par la confrérie de jazz. Début 1958, McCartney leur présenta un nouveau guitariste, un jeune copain de classe nommé George Harrison. Il était lui aussi fou de rock 'n' roll et McCartney l'encourageait dans cette voie. George avait un talent très prometteur comme musicien et

« *La guitare c'est très bien, John, mais tu ne gagneras jamais ta vie avec.* »
MIMI, LA TANTE DE JOHN

« *Je n'ai jamais été très doué pour la trompette, mais j'adorais la guitare parce que je pouvais en jouer après n'avoir appris que quelques accords.* » PAUL

La première fois que j'ai vu jouer les Quarrymen, c'était à Garston, au Wilson Hall. Paul jouait avec eux et il me dit que je pouvais venir les voir, et du fait que je connaissais Paul, j'ai été présenté à John. John me dit que si je jouais comme l'autre guitariste, Eddie Clayton, je pourrais m'associer au groupe. Je leur ai joué " Raunchy " et John m'a dit que je pouvais me joindre à eux. J'ai toujours joué " Raunchy " pour eux. GEORGE

il savait jouer à la perfection différents tubes instrumentaux du moment.

En 1958, quand John était au Liverpool College of Art, sa mère mourut tragiquement dans un accident de voiture. John fut complètement détruit et essaya de noyer son chagrin dans l'alcool.

Les Quarrymen continuaient comme avant avec Lennon, McCartney et Harrison (tous chanteurs/guitaristes), d'autres musiciens se joignaient à eux, mais la plupart y restaient assez peu. A la fin de l'année 1959, le groupe se produisit dans un concours de découvertes de talents à Manchester, pour lequel ils utilisèrent le nom de Johnny & The Moondogs. Ils n'arrivèrent pas à gagner, peut-être parce que les autres membres du groupe ne partageaient pas l'engagement du futur trio, The Beatles.

Début 1960, un bassiste se joignit à eux : Stuart Sutcliffe, le meilleur ami de John au Liverpool College of Art, peintre talentueux de surcroît. Sutcliffe impressionnait Lennon parce qu'il était plus leader que suiveur. Lennon et lui se défoulaient dans un café du coin, le Jacaranda, tenu par un entrepreneur de la région, Allan Williams, qui deviendra le premier manager du groupe. Pendant cette période, Larry Parnes, agent et promoteur londonien, qui s'occupait de différentes stars de rock anglaises de l'époque, demanda à Williams de nommer quatre groupes de Liverpool qui pourraient doubler ses « stars » pour des tournées dans le nord de l'Angleterre et de l'Écosse. Comme on pouvait s'y attendre, un des groupes que Williams avait recommandé était Johnny & The Moondogs, bien qu'il leur conseillât de changer rapidement le nom du groupe. Comme ils étaient tous de grands admirateurs de la star texane du rock 'n' roll, Buddy Holly – Paul McCartney voulut ensuite acheter les droits d'auteur de la musique de la grande majorité du catalogue de chansons de Holly – pour choisir un nouveau nom de groupe ils s'inspirèrent de Holly qui changea le nom de son groupe The Three Tunes en The Crickets.

À GAUCHE : *George Harrison (à gauche), John Lennon (à droite) et Stuart Sutcliffe (au centre). Photographie d'Astrid Kirchherr.*

Après avoir envisagé et rejeté les noms d'autres insectes, quelqu'un leur suggéra The Beetles mais Lennon modifia rapidement l'orthographe en Beatles, reflétant la terminologie courante à l'époque qui faisait d'eux un groupe « battant ».

Après une brève tournée en Ecosse où ils accompagnaient Johnny Gentle, un des artistes mineurs de l'écurie Parnes, le quatuor retourna à Liverpool sans avoir fait le moindre progrès, mais conscients qu'il leur fallait un batteur dans le groupe. Ils jouaient souvent dans un club appelé The Casbah, situé dans la cave de la maison de Madame Mona Best, dont le fils Pete était batteur ; et au cours de l'été 1960 il se joignit au groupe. En même temps, Allan Williams rencontra le propriétaire d'un club à Hambourg, qui avait déjà engagé un groupe de Liverpool, Derry Wilkie and The Seniors. Comme ce groupe avait été apprécié par les clients, il en voulait un autre. Williams avait peur que les Beatles, qu'il considérait encore comme inexpérimentés, le déshonorent, mais quand Rory Storm & The Hurricanes et Gerry & the Pacemakers (qui rivaliseront plus tard avec les Beatles pour être le premier groupe de Liverpool) refusèrent son offre, il n'avait plus le choix et il dut nommer les Beatles. Moins d'une semaine après s'être joint aux Beatles, Pete Best et ses nouveaux collègues traversaient la Manche sur un ferry pour se rendre à Hambourg. Le Indra Club, où ils devaient jouer, était petit et plutôt sale, et ils avaient été logés dans une chambre à peine meublée, située juste derrière l'écran d'un cinéma, le Bambi Kino, qui fonctionnait quand le club (dans le même immeuble) était fermé.

Ils étaient tous assez jeunes pour survivre dans ces conditions au prix d'un sommeil limité, même s'ils jouaient souvent jusqu'à six heures par soirée. Pendant ce premier voyage de trois mois à Hambourg, les Beatles se sont produits dans une centaine de shows, d'abord à l'Indra, ensuite dans une plus grande salle, au Kaiserkeller.

Du fait que leur répertoire était extrêmement limité (trente chansons environ), le groupe devait non seulement répéter certaines chansons plusieurs fois pendant le même show, mais aussi les prolonger artificiellement en y ajoutant des solos instrumentaux interminables. Bien que cette tactique pouvait initialement laisser penser que leurs performances manquaient de professionnalisme, cela leur fit comprendre en fin de compte que leur travail était également d'amuser les gens. Cela impliquait plus de mouvements sur la scène, et Lennon parfois se roulait même par terre tout en continuant à jouer de la guitare.

Vers la fin de leur séjour, Lennon, McCartney et Harrison rencontrèrent le futur dernier membre du groupe qui allait conquérir le monde quelques

À DROITE : *Ringo Starr joue avec Rory Storm & The Hurricanes avant de se joindre aux Beatles.*

J'ai toujours senti que je devais le faire. Il y a eu des moments de doute, mais je savais que quelque chose finirait par se passer. Mimi avait l'habitude de jeter des choses que j'avais écrites ou dessinées, alors je lui disais souvent: " Tu le regretteras une fois que je serai devenu célèbre ", et je pensais ce que je disais. JOHN

années plus tard. Rory Storm & the Hurricanes, qui avaient refusé l'engagement accepté par les Beatles, avaient changé d'avis par la suite, et jouaient aussi dans les clubs de Hambourg. Le guitariste du groupe, Wally Egmond, fit appel aux Beatles pour accompagner son groupe quand il enregistra une version de « Summertime » de George Gershwin dans un studio de l'endroit. A cette occasion, le batteur des Hurricanes, Richard Starkey (que l'on surnommera Ringo Starr à cause des nombreuses bagues qu'il portait) joua plus souvent que Pete Best. Starkey, né le 7 juillet 1940, ne se joignit pas immédiatement aux autres trois-quarts des « Fab Four » (on les appelait comme ça en réalité), mais ce fut une rencontre capitale.

PAGE SUIVANTE : *Les Beatles au sommet de leur gloire. Photographie de Terence Spencer.*

DU STAR CLUB À STARS DU ROCK

« Nous avons aimé le Cavern plus que tout. Nous n'avons jamais perdu notre identification avec le public. Nous n'avons jamais rien répété, pas comme les autres groupes qui ont copié The Shadows. »

GEORGE

PAGE PRÉCÉDENTE : *Bill Harry, rédacteur de* MERSEYBEAT *(revue de musique de Liverpool), offre aux Beatles en 1962 la récompense de sa revue.*

À leur retour d'Allemagne fin 1960, les Beatles étonnèrent le public de Liverpool par leur nette amélioration en tant que musiciens. Ils étaient revenus sans Stuart Sutcliffe, qui s'était engagé dans une romantique histoire d'amour avec une Allemande, Astrid Kirchherr, une saisissante blonde. Astrid, photographe d'avant-garde, et Stu, peintre prometteur, se sentaient bien ensemble et se fiancèrent tout de suite. Elle redessina la coiffure de son fiancé et John, Paul et George adoptèrent bien vite une coupe du même genre, celle qui deviendra le célèbre look Beatles en 1963. Astrid dessina aussi des vêtements de scène pour le groupe, bien que Pete Best préférât garder son blouson noir.

Les Beatles n'avaient pas quitté Hambourg volontairement. Ayant obtenu le statut d'un des groupes émergeant dans la ville, ils avaient été invités à jouer pour une boîte rivale qui venait d'ouvrir, le Top Ten Club. En revanche, le manager de la Kaiserkeller avait alerté les autorités sur le fait que George Harrison n'avait pas encore dix-huit ans et que donc la loi lui interdisait de fréquenter les bars après minuit. En attendant la majorité de George, le 25 février 1961, c'eût été de la pure folie de la part des Beatles d'y retourner. Néanmoins, le groupe ne resta pas inactif pour autant, vu qu'entre-temps la direction du Cavern avait créé le concept des shows à l'heure du déjeuner et que, depuis début 1961, les Beatles y étaient devenus une attraction régulière.

En avril 1961, les Beatles étaient de retour à Hambourg pour un autre séjour de trois mois, cette fois pour le Top Ten Club. C'est alors que Sutcliffe, qui avait été embauché dans une école des beaux-arts allemande, les quitta définitivement. Il avait été invité à loger chez les parents d'Astrid et avait décidé d'arrêter sa carrière musicale, qui, de toute façon, n'était pas son fort. Ce concours de circonstances laissa Lennon sans autre choix que celui d'accepter McCartney comme basse – après tout, trois guitaristes n'étaient pas vraiment nécessaires, et ce changement aurait sans doute amélioré le son du groupe.

Pendant ce séjour, les Beatles firent leur tout premier enregistrement qui parut sur le marché, ce qui les amena indirectement à rencontrer Brian Epstein, celui qui deviendra leur manager et jouera un rôle important dans l'histoire de leur succès. En fait, les Beatles n'étaient pas des stars au moment de ce premier enregistrement, et leur nom n'était même pas inscrit sur la pochette. L'artiste représenté était un chanteur et guitariste anglais du nom de Tony Sheridan, qui jouait aussi au Top Ten Club ; il avait été découvert par le producteur de disques allemand Bert Kaempfert, un directeur d'orchestre dont le 45 tours « Wonderland

Page suivante : *Le look particulier des Beatles se caractérise par un type de coiffure qu'Astrid Kirchherr avait créé pour Stuart Sutcliffe.*

À GAUCHE : *John Lennon pose dans la loge d'un studio de télévision à Birmingham, en Angleterre, en 1963.*

by Night » avait atteint la première place du Hit Parade américain quelques mois plus tôt. Sheridan avait décidé de se servir des Beatles comme groupe d'accompagnement, mais quand le 45 tours sortit avec des versions beat de « My Bonnie Lies Over the Ocean » et « When The Saints Go Marching In », la maison de disques attribua les morceaux à Tony Sheridan et les Beat Brothers, ce que Kaempfert avait trouvé plus convenable. A la fin de la session d'enregistrements, les Beatles purent enregistrer deux morceaux personnels. Lennon prit la direction vocale d'une reprise « rockisée » du music-hall préféré de l'avant-guerre « Ain't She Sweet », tandis que l'autre morceau était « Cry For A Shadow », un hommage instrumental, une parodie du sound des Shadows, le groupe anglais le plus en vogue au début des années 60, quand les hit-parades étaient dominés par des chanteurs solistes.

Au milieu de l'année 1961, une fois leur tournée terminée, les Beatles repartirent une fois de plus pour Liverpool et le Cavern. Lennon aida un ami de son école, Bill Harry, à publier un magazine sur la scène musicale locale, *Mersey Beat* (la rivière Mersey traverse Liverpool). Cette revue se vendait entre autres dans les magasins North End Music, un magasin de disques appartenant à une famille aisée, les Epstein, et géré par leur fils très bien élevé, Brian, qui avait échoué avant

À GAUCHE : *Brian Epstein a finalement abandonné son travail dans le magasin de disques familial pour s'occuper de la carrière des Beatles.*

cela dans différents secteurs. Le magasin de disques avait suscité chez Brian un certain intérêt pour la musique, et il se vantait lui-même d'être capable de trouver n'importe quel disque qu'un client pouvait désirer. Le 28 décembre 1961, un certain Raymond Jones demanda un 45 tours d'un groupe dénommé les Beatles. Bien que *Mersey Beat*, dans lequel le groupe tenait la vedette, soit vendu dans son magasin, Epstein ne l'avait probablement pas lu, vu qu'il n'était pas un fan de pop music, et apparemment il ignorait que ce quatuor local jouait presque tous les midis au Cavern, à quelques centaines de mètres de son magasin. Il se renseigna et se rendit sur les lieux pour demander au groupe de quelle marque était le disque. Il en commanda une grande quantité (à peu près deux cents), qu'il vendit bien. Peu de temps après, Epstein allait diriger les Beatles et mettre à profit son influence due à sa bonne réputation de détaillant pour leur obtenir un contrat d'enregistrement. Il réussit à convaincre Decca Records, qui était à l'époque une des deux plus grandes maisons de disques en Angleterre, de leur faire passer une audition, et le pre-

PAGE DE GAUCHE : *Déjà au début des années 60, un service d'ordre devait surveiller leurs fans surexcités.*

mier jour de 1962, les voilà débarquant à Londres et repoussés en faveur des Brian Poole & The Tremeloes, un groupe de Dagenham dans l'Essex, pas loin de Londres.

Epstein proposa la bande de l'audition à d'autres marques, mais en vain ; en avril 1962, le groupe retourna en Allemagne. Alors que les Beatles avaient un contrat de sept semaines au Star Club de Hambourg, Epstein leur trouva un studio d'enregistrement. Il avait été recommandé au producteur de disques George Martin, qui gérait la petite marque Parlophone, propriété de la très importante société de disques EMI. Peu après leur retour d'Allemagne, Martin les avait engagés, mais il leur conseilla de changer de batteur. Pour beaucoup de groupes, cela aurait été un gros problème notamment de loyauté, mais Epstein réussit à convaincre les trois collègues de Pete Best que ce dernier était de toute façon plutôt solitaire, et devait être remplacé. Le groupe choisit Ringo Starr comme nouveau batteur, et il se joignit à eux en août 1962.

Moins de trois semaines après, Starr se trouvait dans les studios de la EMI à la Abbey Road, avec ses nouveaux collègues, bien que George Martin ait aussi engagé un musicien pour jouer de la batterie si jamais Ringo n'était pas meilleur que Best, ce qui n'aida pas le nouveau venu. George Harrison aussi était nerveux, comme on peut le constater à sa

---

« Moi non plus, je n'aimais pas le look du batteur de Rory. On aurait dit un méchant, avec ses petites mèches de cheveux gris. Mais ce méchant, en fait c'était Ringo, le plus aimable de tous ». GEORGE

« Le studio me rendait nerveux, il me terrorisait. Quand on revint à la face B de " Love Me Do ", je me rendis compte que George Martin avait mis un autre batteur assis à ma place. C'était terrible – on m'avait demandé de me joindre aux Beatles, mais j'eus alors l'impression que c'était comme si j'étais assez bon seulement pour les salles de bal avec eux, mais pas assez pour les enregistrements. »

RINGO

À droite : *George Harrison et Ringo Starr arrivent à l'Empire Theatre de Liverpool.*

À DROITE : *Le concert de fin 1963. Avec ses lunettes de soleil, John semble être le premier du groupe qui, d'interprète, devient star du rock.*

réponse à George Martin qui demandait au groupe en studio s'il y avait quelque chose qu'ils n'aimaient pas : « Pour commencer, je n'aime pas votre cravate ». C'est aussi au cours de ces trois semaines que Lennon épousa Cynthia Powell, avec qui il avait une relation sérieuse depuis 1958 et qui était enceinte. La nouvelle fut tenue secrète pendant un moment pour éviter que les groupies ne tournent le dos aux Beatles.

Le premier 45 tours que les Beatles produisirent sous leur propre nom était « Love Me Do », une composition de Lennon/McCartney, qui entra très vite dans le Top 20 anglais, mais qui ne parut alors qu'en Grande-Bretagne. Deux autres voyages à Hambourg avant la fin de 1962 permirent aux Beatles de gagner en confiance et en expérience. Entre les deux voyages, ils retournèrent à Abbey Road pour enregistrer une suite à leur premier succès, une autre chanson de Lennon/McCartney, « Please Please Me », qui sortit en janvier 1963 et fut leur premier grand succès : elle sera au top de trois des quatre classements anglais et deviendra numéro deux du quatrième, vu que le groupe, très rapidement, était devenu incroyablement populaire grâce à ses tournées continuelles. Néanmoins, ils firent preuve d'autorité et firent savoir qu'ils préféraient faire sortir une de leurs propres chansons plutôt qu'une autre qu'ils avaient enregistrée à contre-cœur

« *Les tournées étaient un soulagement pour nous, juste pour sortir de Liverpool et découvrir de nouveaux endroits. On commençait à se sentir vieux et à l'étroit. On avait fait notre temps à Hambourg et on avait envie de faire nos valises. On n'a pas du tout aimé nos deux derniers retours à Hambourg. La scène était tellement grande.* » JOHN pendant la même session, « How Do You Do It ». La chanson écartée fut donnée à un autre groupe de Liverpool dont Martin s'occupait, Gerry & The Pacemakers. En février 1963, les Beatles enregistrèrent dix autres morceaux en un seul jour, et cela devint la base de leur premier 33 tours, *Please Please Me*, qui comprenait les deux faces de leurs deux premiers 45 tours. Cet album allait en tout cas bien marcher, puisqu'une semaine avant la sortie de leur troisième single, « From Me To You », il figurait déjà aux premières places des hit-parades anglais de 45 tours.

Tout ce que les Beatles faisaient était bon, semble-t-il, et en août 1963, « She Loves You », un autre 45 tours, gagnait du terrain, tandis que *Please Please Me* dominait le classement des 33 tours les plus vendus, se maintenant à la première place pendant sept mois. L'Angleterre était conquise, mais le reste du monde, et surtout les États-Unis, était encore loin de montrer le moindre signe de pareille capitulation.

À DROITE : *Lors d'un spectacle pop en Angleterre pendant les années 60. Helen Shapiro est à la droite de Ringo.*

À GAUCHE : *Au concert de Birkenhead en 1963, une fan s'effondre sous le coup de l'excitation ou de l'émotion.*

« *Pour affirmer leur succès, je devais avoir un album à mettre sur le marché très rapidement, et il fallait enregistrer autant de morceaux que possible depuis le début de leur répertoire.* »

GEORGE MARTIN, AU SUJET DES SIX REPRISES DE *PLEASE PLEASE ME*.

YOU MAY TELEPHONE
FROM HERE

HIT PARADE

« Je prenais mon pied à être intellectuel. Je lisais la politique, mais je ne pense pas que j'aurais voté pour qui que ce soit – les messages des politiciens bidons n'avaient aucun impact sur moi. » JOHN

PAGE PRÉCÉDENTE : *Les Beatles dans* QUATRE GARÇONS DANS LE VENT, *leur premier long-métrage.*

VERS LA MOITIÉ de l'année 1963, l'Angleterre fut en proie à un phénomène appelé la Beatlemania. Dans tout le pays, les adolescents avaient adopté le style de coiffure des Beatles (c'est en réalité une absence de style, qui amena le groupe à être appelé les « mop-tops ») et ils considéraient que chaque déclaration des membres du groupe était inspirée par la sagesse ou par une philosophie divine, et ceci sans le moindre fondement, comme le confirmèrent séparément John Lennon et Paul McCartney. Toutefois, qu'ils le veuillent ou non, les Beatles furent élevés au rang d'idoles, surtout après leur apparition au Royal Variety Performance en novembre de la même année. Plus tard dans le mois, un second 33 tours, *With The Beatles*, mit finalement un terme à la troisième semaine de *Please Please Me* au sommet des hit-parades.

With The Beatles resta Numéro Un pendant vingt et une semaines, et c'est alors que la réputation du groupe franchit l'Océan Atlantique. Malgré leur énorme succès en Angleterre, la Capitol Records, le label qui avait les droits d'auteur de leurs enregistrements aux États-Unis, avait refusé jusque là de les lancer. Cela permit à des maisons de disques plus petites et plus indépendantes d'autoriser les enregistrements pour le marché américain, bien qu'aucun de ceux-ci n'entrât dans les classements en 1963. Toutefois, début 1964, la Capitol se décida finalement à faire valoir ses droits et fit coïncider leur première visite aux États-Unis avec un groupe qui devait jouer en direct pour une émission diffusée sur tout le territoire, le *Ed Sullivan Show*. Lors de ce show, l'audience du groupe a atteint, selon les estimations, les 70 millions de téléspectateurs ! Durant ce voyage, les quelques concerts en live des Beatles eurent lieu immédiatement à guichets fermés, tandis que « I Want To Hold Your Hand », leur cinquième 45 tours (inévitablement Numéro Un dès sa sortie en Angleterre), devenait aussi leur premier succès américain, classé Numéro Un aux États-Unis deux semaines après sa sortie. Ce fut le début d'une période de présence mouvementée dans les hit-parades jamais égalée : tous les disques que les Beatles avaient produits précédemment entrèrent tout à coup dans les classements américains, dominant les classements comme jamais personne ne l'avait fait, soit douze 45 tours en même temps dans le Top 100 américain, dont cinq d'entre eux aux cinq premières places, et deux albums aux deux premières places des classements

« *Je ne ressens pas ce que j'imagine qu'une idole est censée ressentir.* » PAUL

À GAUCHE : *En 1964, à Washington, lors de leur première tournée aux États-Unis.*

« *Pour le morceau suivant, vous qui êtes aux places les moins chères, frappez dans vos mains, les autres peuvent se contenter de faire tinter leurs bijoux.* »

JOHN AU ROYAL VARIETY PERFORMANCE

À DROITE : *En 1964, Paul et John se produisent au* ED SULLIVAN SHOW*, point de départ de leur succès aux États-Unis.*

d'albums. Même « My Bonnie », le 45 tours où ils accompagnaient Tony Sheridan, resta six semaines dans les classements outre-Atlantique.

Beaucoup de ces tubes américains n'étaient sortis en Angleterre que comme des morceaux de face B d'albums, mais en fin de compte « I Want To Hold Your Hand » (n° 1), « She Loves You » (n° 1), « Please Please Me », « Twist and Shout », « Do You Want To Know A Secret » et « Love Me Do » (n° 1) atteignirent tous les trois les premières places des classements américains, tout comme leur tout dernier 45 tours, « Can't Buy Me Love ».

Il ne fallut pas attendre longtemps pour que l'on envisage une production des Beatles dans un film ; en effet, dès leur retour de ce premier voyage aux États-Unis, le groupe se mit à travailler sur son

À DROITE : *Petite guitare, grand succès – John semble toujours prêt à poser pour les caméras.*

premier long-métrage, *Quatre garçons dans le vent (A Hard Day's Night)*. C'était la United Artists qui avait commandité le film ; mais comme ils étaient encore incertains du potentiel commercial d'un film avec les Beatles comme vedettes, *Quatre garçons dans le vent* (le titre anglais provient d'une phrase que Ringo prononça après une très longue période de tournage) était tourné en noir et blanc et était à peine moins compliqué que les Beatles ne l'étaient eux-mêmes en réalité. Le film comprenait aussi six nouvelles chansons du duo Lennon/McCartney et également « Can't Buy Me Love », vendue à 1 200 000 exemplaires pendant sa première semaine de sortie en Angleterre, et à plus de deux millions d'exemplaires pendant sa première semaine aux États-Unis.

Pendant le tournage, George Harrison rencontra sa future femme, le mannequin Patti Boyd, qui avait aussi un rôle dans le film. Avant la première du film en juillet, d'autres choses dignes d'intérêt sortirent : en mars, Lennon avait publié un livre de poésie intitulé *En flagrant délire (In His Own Write)* et cela lui avait valu d'être l'hôte de marque d'une manifestation littéraire qui célébrait le 400e anniversaire de la naissance de Shakespeare ; le magazine *Newsweek* aux États-Unis l'avait qualifié d' « héritier peu probable de la tradition anglaise d'absurdité littéraire ». Fin mai, des mannequins grandeur nature du groupe firent leur apparition à Londres, au fameux musée Tussaud. Quelques jours plus tard, Ringo était hospitalisé pour une inflammation des amygdales et remplacé par Jimmy Nicol pour les premiers concerts de la première tournée mondiale du groupe. Pendant cet été-là, les Beatles firent encore une fois sensation quand aussi bien le 45 tours que l'album *A Hard Day's Night* gagnèrent en même temps les sommets des classements américains et anglais pendant la semaine du 4 août. A la fin de cette année incroyable, Ringo était de nouveau en clinique cette fois pour se faire opérer des amygdales ; après quoi, aux reporters qui lui demandaient comment il allait, il était juste capable de dire : « I feel fine (Je me sens bien) » – réponse très à propos puisque c'était le titre de leur dernier 45 tours, qui fit immédiatement un malheur. La fin de l'année vit la sortie de leur quatrième 33 tours, *Beatles For Sale*, juste après l'album *A Hard Day's Night*, musique du film qui, bien entendu, atteignit les sommets des classements dans le monde entier, entre autres parce que le film avait reçu un excellent accueil de la part du public. *Beatles For Sale* lui aussi fut un succès : il comprenait des reprises de classiques de l'époque du rock 'n' roll de Chuck Berry (« Rock 'n' Roll Music »), de Buddy Holly (« Words of Love ») et de Carl Perkins (« Honey Don't », avec Ringo comme chanteur, et « Everybody's Trying To Be My Baby », avec George comme chanteur en vedette).

À GAUCHE : *Une photo tirée de* AU SECOURS ! *dont la première eut lieu en été 1965.*

Cette année épuisante pour les Beatles prenait fin avec pas moins de trente 45 tours en tête des classements aux États-Unis : une performance incroyable.

Suite à ce premier film qui avait connu un succès mondial et dont la première sortie, dit-on, avait fait gagner quelques millions de dollars à ses protagonistes, tout le monde attendait avec impatience un autre film des Beatles. Début 1965, ils se mirent à travailler à *Au secours ! (Help!)* qui devait s'appeler *Eight Arms To Hold You.* Avant la première du film durant l'été 1965, un autre 45 tours, « Ticket To Ride », avec Paul McCartney à la guitare, devint un tube. Cette chanson deviendra plus tard le premier succès (sans grande importance) du duo américain The Carpenters, mais le 45 tours original des Beatles avait été un peu éclipsé par *Au secours!* qui – comme *Quatre garçons dans le vent* – gagna les sommets des hit-parades anglais et américains de 45 tours et d'albums, mais pas simultanément cette fois. Peu avant la sortie de *Au secours !,* on annonça que l'on avait décerné aux Beatles le titre de MBE (Membre de l'Empire Britannique) dans la liste des distinctions honorifiques conférées par la Reine lors de son anniversaire officiel ; cela donna lieu à des plaintes de la part de célébrités qui avaient reçu la même distinction : certains d'entre eux, représentants de la vieille génération, rendirent leur médaille, geste que Lennon fera quelques années

« *La Cour britannique m'a mis au même niveau que cette bande d'imbéciles.* »
Un membre du MBE, après la déclaration de la récompense des Beatles.

« *On pensait que devenir membre du MBE était amusant, comme tout le monde le pensait. Pourquoi ? Pour quoi faire? On s'est réuni et on a pensé que c'était idiot. Cela faisait simplement partie du jeu que nous étions d'accord de jouer, comme de recevoir les Ivor Novello Awards. Nous acceptâmes pour agacer encore plus les gens qui étaient déjà agacés.* » John

À DROITE : *En juin 1965, les Beatles montrent leurs toutes nouvelles médailles de l'Empire britannique.*

« Il n'y avait qu'une seule personne aux États-Unis que nous avions réellement envie de rencontrer. » John à propos d'Elvis

À droite : *Malgré leur désir de s'attirer le respect du monde moderne, les Beatles s'amusent encore à blaguer devant un miroir.*

plus tard, mais pour d'autres raisons.

Avant de recevoir réellement cette médaille des mains de la Reine à Buckingham Palace, le groupe s'était embarqué pour une autre tournée mondiale. Au cours de leur voyage en Californie, ils avaient aussi réalisé ce désir de longue date de rencontrer une de leur première et plus grande idole, Elvis Presley, pour la première et la dernière fois, chez lui à Bel Air.

1965 était déjà une année bien remplie. Ringo Starr et sa copine, Maureen Cox, s'étaient mariés en février et avaient eu un fils, Zak, à Noël ; le deuxième livre de John Lennon, *A Spaniard in the Works*, avait été publié et avait reçu autant d'éloges que *En flagrant délire*. Néanmoins, le morceau le plus significatif des Beatles fut cette année-là une chanson du 33 tours *Help !*, bien qu'il ne figurait pas dans le film. Écrit par Paul McCartney, « Yesterday » avait été enregistré sans la participation des autres membres du groupe – Paul chantait sur sa propre guitare et il était accompagné d'un quatuor à cordes. Le morceau était sorti en 45 tours aux États-Unis, où il demeura à la première place des classements pendant un mois et fut vendu à un million d'exemplaires. Il était sorti d'abord comme 45 tours en Angleterre en 1976, quand il atteint le Top Ten, même si les millions de gens qui avaient acheté l'album *Help !* l'avaient déjà. Attribué au duo Lennon/McCartney (comme l'étaient toutes les compositions de l'un d'eux ou des deux pendant l'existence des Beatles, même quand, comme dans ce cas, un des deux n'avait rien ou quasi rien à y voir), « Yesterday » est la composition des Beatles qui a été enregistrée en plus grand nombre d'exemplaires (on l'estime à deux millions et demi) et c'est la seule chanson à avoir été diffusée plus de cinq millions de fois sur les radios et les télévisions aux États-Unis : une remarquable performance supplémentaire.

« Aucun de nous ne s'est jamais inquiété du futur. J'ai juste saisi mes chances et j'ai été heureux. J'avais toujours quelques shillings en poche. Il y avait de bonnes soirées et d'autres moins bonnes pendant les tournées, mais elles se ressemblaient toutes en fait. La seule note amusante, c'était le soir à l'hôtel, où on fumait des joints et tout ça. » RINGO

L'APOGÉE

« Nous ne pouvions pas vraiment le dire, mais nous n'avions pas très envie de revenir à Liverpool. Cela nous rendait nerveux d'être des héros du coin, et quand nous y faisions des concerts, c'était toujours plein de gens que nous connaissions. Nous étions gênés dans nos costumes tout propres, car nous craignions que des amis puissent penser que nous étions des traîtres – ce qui était le cas, d'une certaine manière. » JOHN

PAGE PRÉCÉDENTE : *La couverture de l'album* HELP ! *a été tirée d'après une photo prise lors des répétitions ; les Beatles sont alors au sommet de leur popularité.*

À la fin de l'année 1965, un nouvel album vit le jour, *Rubber Soul*, que le groupe fut obligé de céder à EMI puisque leur contrat leur imposait deux albums par an. Le jour même de sa sortie, le 3 décembre 1965, parut un nouveau 45 tours, « We Can Work It Out »/« Day Tripper », qui atteignit rapidement les sommets des classements du monde entier, annonçant l'arrivée imminente du 33 tours au top des albums les plus vendus. Personne ne le savait à l'époque mais la fin de l'année allait voir leur dernière tournée en Angleterre et aussi leur dernier show sur les rives du Mersey.

L'année suivante débuta avec le mariage de George et de Patti Boyd, mais l'événement le plus significatif de la première moitié de l'année fut sans aucun doute une interview de John Lennon pour un journal londonien dans laquelle il dit à Maureen Cleave que le christianisme n'aurait pas duré éternellement. Personne en Angleterre n'y fit très attention, mais ces considérations cavalières allaient leur causer sous peu pas mal d'ennuis. En juin, le deuxième 45 tours de l'année, « Paperback Writer », ne laissait absolument pas supposer qu'une tempête d'envergure mijotait, puisqu'il atteignit le sommet des classements partout (même si c'était le premier 45 tours des Beatles depuis « She Loves You » à entrer dans les classements en Angleterre seulement en deuxième position !). Les choses commencèrent à se gâter méchamment début juillet pendant une tournée de deux jours aux Philippines, étape de ce qui allait être la dernière tournée mondiale des Beatles ; le groupe eut beaucoup de chance de s'en sortir secoué mais pas blessé par une foule furieuse qui trouvait qu'ils avaient profondément insulté le président Marcos.

A la fin juillet, un magazine américain publia l'interview que Maureen Cleave avait faite de Lennon : deux jours seulement après la publication de l'article, les cieux de l'Amérique du Nord furent illuminés par des autodafés de disques de ces blasphémateurs de Beatles. C'était un problème grave, qui empira jusqu'à ce que Lennon fasse des excuses publiques à la télévision américaine, après quoi le groupe put reprendre ce qui deviendrait leur dernier live-tour aux États-Unis.

Au tout début de cette dernière tournée, leur nouvel album *Revolver* ainsi qu'un

---

> « *Le christianisme est destiné à diminuer et à disparaître. Je n'ai pas besoin de discuter là-dessus, j'ai raison et il s'avérera que j'ai raison.* »
>
> John à Maureen Cleave

À GAUCHE : *George Harrison et sa première femme, Patti Boyd, en 1967.*

nouveau 45 tours « Eleanor Rigby » / « Yellow Submarine » parurent. Il était clair que les succès répétés commençaient à produire leurs effets, car les morceaux du 45 tours se trouvaient aussi sur l'album, ce qui était interdit avant en Angleterre, et *Revolver* fut leur seul album de l'année. Les deux chansons du 45 tours devinrent tout de suite de fameux tubes : « Eleanor Rigby » grâce aux paroles mélancoliques de McCartney sur la solitude et au quatuor à cordes, tandis que « Yellow Submarine » séduisit par les harmonies vocales de Ringo et par la qualité de ses solos. *Revolver* marquait le début d'un changement de style, quelque chose qui s'éloignait des chansons purement pop (bien que quelques-unes en étaient déjà un signe, comme le prouva une autre série de reprises, même si la seule qui devint un tube fut « Got To Get You Into My Life » de Cliff Benett) et se rappro-

« C'était terrible. Ça faisait mal parce qu'en Amérique ils n'ont pas de bonbons à la gelée mous, mais seulement des dragées à la gelée dures. Des journaux avaient déniché cette vieille plaisanterie que nous avions oubliée, quand John dit une fois que j'avais mangé tous ses bonbons à la gélatine, et où que nous allions, les fans m'en lançaient à la figure. »
GEORGE, *À PROPOS DES DANGERS DES TOURNÉES AUX ÉTATS-UNIS*

« Les tournées pouvaient quelquefois être dangereuses, mais nous n'y pensions pas. Une fois, un avion prit feu au Texas et tout le monde eut peur ; une autre fois on a volé de Liverpool à Londres avec une fenêtre ouverte. On a été un peu inquiet la fois où on avait prédit notre mort sur un avion aux États-Unis – ce n'était pas sympa. » RINGO

chait du style psychédélique à la mode lancé en Californie par des productions comme Jefferson Airplane et Country Joe & The Fish. Dans *Revolver*, le morceau qui allait le plus dans ce sens était « Tomorrow Never Knows », où la voix de Lennon était déformée.

À leur retour en Grande-Bretagne, John, Paul et George travaillèrent séparément sur des projets sans leurs collègues. John joua dans la comédie noire *Comment j'ai gagné la guerre (How I Won The War)*, dans le rôle non-musical de Private Gripweed, tandis que George partit en Inde étudier la musique et la culture de l'Asie méridionale, et Paul écrivit la musique de *The Family Way*, un film dont la vedette était Hayley Mills. Toutes ces activités pouvaient faire croire que le groupe se disloquait. Mais McCartney démentit tout cela énergiquement.

En novembre 1966, John rencontre l'artiste japonaise d'avant-garde Yoko Ono à une exposition de ses œuvres dans une galerie d'art londonienne, juste avant que les Beatles ne se mettent à travailler sur ce qui allait être accueilli comme leur plus bel album.

Le début de l'année 1967 commença par la signature d'un contrat de 9 années supplémentaires avec la EMI, tandis que George Martin supervisait les enregistrements d'un nouvel album. Le premier nouveau 45 tours de l'année fit grand bruit – les titres de « Penny Lane » et de

PAGE SUIVANTE : *John Lennon et George Martin à Londres dans les studios Abbey Road, pendant les enregistrements de* SERGEANT PEPPER'S LONELY HEARTS CLUB BAND.

> *« La rumeur que nous allions nous séparer n'avait aucun sens, parce que nous étions de grands amis et que nous ne voulions pas nous séparer. Il n'a jamais été question de cela – si ce n'est dans la tête d'autres gens. »* PAUL

« Strawberry Fields Forever » se référaient à des endroits de Liverpool – et les morceaux étaient tellement différents par rapport à ce que le groupe avait fait auparavant que ce fut le premier single en quatre ans qui ne devint pas numéro un des classements anglais, ne réussissant pas à déloger « Release Me », une chanson sentimentale de Engelbert Humperdinck. Aux États-Unis, « Penny Lane » prit la première place des classements de 45 tours et de ce fait fut le treizième Numéro Un des Beatles en trois ans, tandis que « Strawberry Fields » gagnait à son tour le Top Ten. Mais tout cela n'était qu'un début : en juin, le 33 tours enregistré pendant les mêmes sessions, *Sergeant Pepper's Lonely Hearts Club Band,* stupéfiait le monde entier et il est considéré encore aujourd'hui comme le plus bel album jamais paru.

C'était McCartney qui en avait eu l'idée ; les Beatles auraient joué les morceaux de l'orchestre dans un show de

À DROITE : *Les Beatles lors du lancement de l'album* SERGEANT PEPPER'S LONELY HEARTS CLUB BAND.

variétés, avec Ringo par exemple comme Billy Shears, chantant « With A Little Help From My Friends », une des chansons de l'album qui allait devenir célèbre. D'autres chansons encore célèbres sont par exemple « Lucy In The Sky With Diamonds » (beaucoup de gens ont supposé que l'on y parlait de LSD, mais John Lennon, qui l'avait écrite, a toujours prétendu que c'est une peinture de son jeune fils Julian qui la lui a inspirée) ; « She's Leaving Home » et « When I'm 64 » de McCartney, et le dernier morceau « A Day In The Life » (censurée par la BBC à cause d'une phrase dont les mots « turn you on » [planez, N.d.T.] laissaient supposer qu'il s'agissait de drogues). La pochette du disque n'était pas mal non plus : c'était un collage, dans le style photographie scolaire, où l'on voyait soixante-huit personnes (y compris les Beatles eux-mêmes, en chair et en os mais aussi en cire) que le groupe considérait comme importantes, c'est-à-dire des acteurs comme Laurel et Hardy, W. C. Fields, des vedettes de cinéma (Fred Astaire, Marilyn Monroe), des sportifs (le boxeur Sonny Liston, le footballeur de Liverpool Albert Stubbins), des romanciers, des poètes, des peintres et ainsi de suite. Plus tard dans le mois, le groupe participait à un évènement qui allait bouleverser le monde entier : pour la première émission télévisée en direct par satellite, les Beatles étaient invités à interpréter une chanson qui n'avait jamais été entendue auparavant, pour une audience estimée à environ 400 millions de personnes. En réalité ils chantèrent un morceau sur un accompagnement enregistré quelques heures avant, mais l'émission fut un réel succès ; les téléspectateurs du monde entier purent écouter « All You Need Is Love » la chanson la plus représentative de cette époque connue sous le nom de « Summer of Love ».

Puis les choses se gâtèrent à nouveau. Ils avaient tous décidé que l'étude de la méditation transcendantale comme elle était pratiquée par le gourou indien, le yogi Maharishi Mahesh, valait la peine d'être approfondie, et ils suivirent un cours de dix jours au Pays de Galles. Pendant ce temps, Brian Epstein, inquiet du fait que le groupe aurait pu ne pas lui renouveler son contrat de manager qui expirait en octobre 1967, est retrouvé mort dans son appartement londonien, appa-

---

« *Vous savez quand on tourne la dernière page d'un chapitre pour vous montrer que cela est terminé avant d'aller au chapitre suivant ? C'était çà la mort de Brian pour nous, la fin d'un chapitre.* » George, à propos de la mort de Brian Epstein

---

Ci-dessus : « *All You Need Is Love* » *est devenu la chanson officielle du Summer of Love de 1967.*

remment des suites d'une overdose de somnifères.

Le quatuor commet alors une erreur professionnelle : ils supposèrent pouvoir diriger une émission spéciale télévisée. McCartney avait conçu l'idée du *Magical Mystery Tour*, où le groupe devait être filmé alors qu'il voyageait en Angleterre en autocar avec un certain nombre d'acteurs et toute une suite. Le but était de filmer une journée pendant laquelle le groupe devait interpréter une demi-douzaine de nouvelles chansons. Tout le show était filmé en couleurs (bien que la grande majorité des téléviseurs en Grande-Bretagne ne pouvaient montrer que des images en noir et blanc) et fut diffusé le 26 décembre 1967 sur une chaîne toute nouvelle et donc avec un taux d'audience limité. Et elle fut à juste titre complètement démolie étant donné qu'elle n'était qu'un apitoiement à peine compréhensible ; l'unique particularité qui la rachetait c'était la musique, qui sortit sur un double album emballé dans une plaquette de 24 pages. Une des nouvelles chansons les plus remarquables, mais qui était aussi sur la face B de *Hello Goodbye*, était « I Am The Walrus », qui devint tout de suite numéro un des classements de 45 tours dans le monde entier et qui fut le dernier titre de cette année dramatique marquées par des triomphes et des tragédies dans des proportions semblables.

CI-DESSUS : *A la mort de Brian Epstein, les Beatles ont perdu leur fan le plus assidu. Malgré leur popularité, le groupe ne sera plus ce qu'il avait été.*

« Maintenant que l'on joue seulement en studio et nulle part ailleurs, nous n'avons pas la moindre idée sur ce que nous allons faire. Nous devons commencer par nous tâter, par démêler les choses en studio, ce qui est assez difficile. Si Paul a écrit une chanson, il entre dans le studio avec sa chanson dans la tête. » GEORGE

DÉCLIN...

« Nous savions depuis le début du *Magical Mystery Tour* que nous faisions un simple exercice. Nous savions que nous ne gagnions pas du temps ou que nous ne faisions pas les choses convenablement, mais quand vous avez passé un long moment sur quelque chose, même si ce n'est pas très bon, vous commencez à vous dire que peut-être c'est mieux que vous ne le pensez. Je suis content de ce mauvais accueil. Ç'aurait été mauvais de jeter le tout, et maintenant c'est un défi de faire les choses convenablement. »

PAUL

PAGE PRÉCÉDENTE : *John Lennon et Yoko Ono s'envolent pour Gibraltar où ils célèbrent leur mariage en mars 1969.*

Un peu meurtris par les dénigrements hostiles suite à l'émission *Magical Mystery Tour*, les Beatles rejetèrent toutefois les critiques : de mauvaises critiques ne pouvaient pas avoir d'incidence sur leur extraordinaire confiance en soi. Début 1968, les Beatles annoncèrent le lancement de la Apple Corps Ltd, une société qui devait devenir le centre administratif et créateur de beaucoup de nouvelles entreprises impliquant le groupe, individuellement et collectivement. Une de leurs premières initiatives fut la Apple boutique sur la Baker Street dans le West End de Londres, où l'on vendait des tas de vêtements d'avant-garde dessinés par un groupe de hippies hollandais, The Fool. Le magasin, avec sa façade psychédélique et criarde, devint immédiatement très populaire à la fois comme point de rencontre et comme horreur qui accroche le regard, mais l'attitude laxiste de son équipe de sécurité eut pour résultat qu'une grande quantité de la marchandise fut volée ; après huit mois de confusion, on ferma le magasin et le stock restant fut distribué. Certaines branches de l'empire Apple furent plus stables, par exemple la Apple Records, mais d'autres comme Apple Tailoring et Apple Electronics eurent une vie aussi brève que la boutique.

En février 1968, les quatre Beatles, avec leurs femmes et copines, firent un pélerinage de trois mois en Inde pour rendre visite à Maharishi. Ringo et Maureen rentrèrent

À gauche : *Paul McCartney et Jane Asher ; leurs fiançailles furent rompues quand Paul rencontra la photographe Linda Eastman.*

au pays après dix jours, suivis de Paul et Jane Asher après six semaines. C'était une visite un peu infructueuse pour les Beatles, mais l'enregistrement d'un nouveau 45 tours, « Lady Madonna », qui devint numéro un dans les classements anglais, mais seulement cinquième aux États-Unis, fit oublier leur absence. Peu après leur retour d'Inde, John Lennon et Paul

À DROITE : *En juillet 1968, les Beatles lors de la première de* LE SOUS-MARIN JAUNE.

McCartney allaient se lancer dans de nouvelles histoires d'amour : d'un côté, Lennon passait la nuit à flirter avec Yoko Ono (ils enregistrèrent alors *Two Virgins*, un 33 tours expérimental), ce qui obligea Cynthia à divorcer de John, et de l'autre McCartney annonça que ses fiançailles avec l'actrice Jane Asher étaient rompues, suite à sa rencontre avec la photographe américaine Linda Eastman.

Avant la sortie d'un nouveau (et superbe) 45 tours, il y eut la première du film *Le Sous-marin jaune (Yellow Submarine)*, un dessin animé avec musique des Beatles, bien que l'abum avec la musique du film ait été différé pour permettre l'enregistrement d'un nouvel album des Beatles en studio, la suite de *Sergeant Pepper*. « Hey Jude », le nouveau 45 tours, était leur premier titre à porter la marque Apple, et c'était aussi le plus long puisqu'il durait plus de sept minutes. Après deux semaines au top des classements anglais, il fut remplacé à la première place par un deuxième hit Apple, « Those Were The Days », chanté par Mary Hopkin. Ce début prometteur pour la Apple Records ne reçut malheureusement pas de soutien, car d'autres artistes liés à la marque ne réussirent pas pour la plupart à obtenir un pareil succès pendant leur époque d'association avec Apple.

Cette marque était encore un autre exemple de cette conviction des Beatles que tout ce qu'ils entreprenaient devenait un succès, ce dont beaucoup de gens commencèrent à douter après avoir entendu le double album à la pochette blanche de 1968 tout simplement intitulé *The Beatles*. On lui reprocha d'être en réalité un album trop long et un peu présomptueux, de 30 morceaux, dont pas mal d'entre eux semblaient réunis à la hâte, bien qu'aucun ne provoquât une réaction aussi négative que « Revolution 9 », un collage inaudible de morceaux conçu par Lennon. Le double album était loin d'être un désastre : le magnifique pastiche des Beach Boys « Back In The USSR », « While My Guitar Gently Weeps » de Harrison (sur lequel son ami Eric Clapton, guitare numéro un, joue magnifiquement), « Ob-La-Di, Ob-La-Da » de McCartney influencée par le reggae et « Happiness Is A Warm Gun », chanson troublante de Lennon restèrent dans les mémoires. Néanmoins, il était clair que le groupe, et surtout Lennon et McCartney, n'allait plus travailler longtemps en harmonie ; pendant l'enregistrement de l'album, Ringo les quitta pour de bon, bien qu'il les rejoignit avant que son départ ne soit de notoriété publique.

Immédiatement avant la parution du « double album blanc », les deux premiers albums de Beatle en solo sortirent pour la Apple Records. Ni la piste sonore de *Wonderwall* de Harrison, ni *Two Virgins* de Lennon et Yoko n'avaient quelque chose à voir avec la tradition des 33 tours des Beatles. La sortie de ces albums coïncida avec la séparation de Lennon et McCartney. Le projet suivant du groupe était de faire un documentaire sur l'enregistrement du nouvel album des Beatles. Malgré la sortie de deux chansons intemporelles, la combinaison magique ne faisait plus d'effet et ne revécut que lors des derniers moments du groupe. « Get Back » enregistré en live sur le toit des bureaux de la Apple à Savile Row est un des morceaux classiques qui en résulta. Le 45 tours sorti, le talent du pianiste américain Billy Preston comme hôte spécial, fut confirmé, et il resta numéro un pendant six semaines en Angleterre et cinq aux États-Unis.

> « *En tant que Beatles, nous avons vécu des millions de changements superficiels, qui ne signifiaient rien et qui ne nous ont pas changés. Dans les endroits chics, vous développez un certain goût pour l'avocat et les épinards, on vous en donne, à chaque fois, et quand vous avez goûté les meilleures choses, vous pouvez reprendre vos vieilles habitudes. Si vous avez envie de simple cornflakes pour le déjeuner, il vous suffit de les demander.* » PAUL

Six semaines plus tard, tandis que « Get

À DROITE :
L'enregistrement de « Get Back » sur le toit des bureaux de l'Apple ; la police a fait interrompre les répétitions suite aux plaintes du voisinage.

Back » figurait encore parmi les trois premières places en Angleterre, « The Ballad of John and Yoko », un morceau attribué aux Beatles mais dont les vedettes en réalité étaient seulement Lennon (chanteur et à la guitare) et McCartney (au piano, à la batterie et dans les chœurs) entra dans les classifications anglaises au top cinq ; quand il quitta le Top Dix à la mi-juillet, il fut remplacé par « Give Peace A Chance », la première production de la Plastic Ono Band, qui était en réalité le prête-nom de la plupart des productions de Lennon à partir de fin 1972. Ce 45 tours avait été enregistré dans une chambre d'hôtel à Montréal, au Canada, où Lennon et sa nouvelle épouse, Yoko, s'étaient engagés dans un « bed-in » pour la paix. Cette entreprise de type publicitaire invitait les médias du monde entier à venir leur rendre visite dans leur chambre d'hôtel, où ils devaient rester au lit pendant huit jours pour informer le monde de leur désir de mettre un terme à toutes les guerres. Par la suite, la fissure dans l'empire des Beatles ne fit que s'élargir – Lennon, avec l'appui de Harrison et de Starr, voulait l'avocat new-yorkais Allen

« John et Yoko ? Les gens croient qu'ils sont fous, mais John est simplement lui-même. »
RINGO

« Paul m'a appelé et m'a dit : "Écoute, j'en ai un peu marre de la manière dont les choses se passent. Est-ce que tu as envie de revenir et de produire un album comme tu as l'habitude de le faire ?" ». George Martin

À droite : *En mars 1969, John et Yoko organisent un « bed-in » pour la paix, à Amsterdam.*

Klein comme nouveau manager du groupe, mais McCartney était convaincu que son beau-père, Lee Eastman, avocat lui aussi, voulait remplir cette fonction. Néanmoins, après le fiasco de ce projet de documentaire, le groupe fut obligé par contrat de faire un nouvel album. George Martin accepta d'essayer de produire le disque, dans la mesure où il pouvait être enregistré aux studios Abbey Road, et Abbey Road devint justement le titre du dernier album enregistré par les Beatles. Le producteur se souvient que c'était un « album vraiment providentiel ». Avec sa photo de pochette où les Beatles traversaient un passage pour piétons non loin du studio, l'album fut un succès et resta numéro un du classement américain d'albums pendant onze semaines et dix-sept dans le classement anglais ; en 1980, ils en avaient vendu plus de 10 millions d'exemplaires dans le monde.

Indéniable sursaut de vitalité après le double album enregistré à la va-vite, *Abbey Road* était aussi remarquable parce qu'il contenait deux bonnes chansons de George Harrison : « Something », qui était sortie en 45 tours et devint un succès célèbre, et « Here Comes The Sun », qui entra plus tard dans le Top Ten anglais à la place de Steve Harley. « Something » fut en face A avec « Come Together » somptueux morceau sensuel de Lennon sur la face B mais qui eut tout autant de succès. Partout, *Abbey Road* fut un triomphe en cette année irrégulière.

« *Nous avons essayé de mettre de côté toutes les différences, et même si ce n'était pas un album uniforme, car chacun avait écrit son propre matériel et travaillé davantage sur ses propres chansons, et que les autres participaient à contre-cœur, ce fut un album beaucoup plus agréable que ce à quoi je m'attendais en réalité.* » GEORGE MARTIN (À PROPOS DE L'ALBUM ABBEY ROAD)

« *Je ne suis pas certain des chansons que j'ai écrites. Si je me place du point de vue de quelqu'un d'autre, ces chansons pop, je les aime, mais de mon point de vue et de ce que je veux vraiment faire, je n'aime pas ce que j'ai écrit jusqu'à présent.* » GEORGE

« *Est-ce que j'ai l'air d'être mort ? Je me porte comme un charme.* »
PAUL À PROPOS DES RUMEURS SUR SA MORT

… ET CHUTE

« Paul me racontait l'autre jour que lui et moi avions l'habitude de nous disputer pour savoir qui dirigeait. Je ne m'en souviens pas, j'ai fini par ne plus y faire attention. Ce n'était pas si important d'être le leader à tout prix. Si je discutais, c'était juste par orgueil. Toutes les discussions étaient uniquement triviales, la plupart du temps ; en fait nous travaillions trop et nous étions très nerveux. Nous n'étions que des gosses. » JOHN

PAGE PRÉCÉDENTE : *John et Yoko avec Sean, le fils de John ; la vie de famille a plongé John dans une période d'inactivité musicale.*

Le répit fourni par le succès d'*Abbey Road* était temporaire et, malheureusement, ne réussit pas à convaincre les Beatles que leurs ambitions individuelles ne pourraient jamais égaler leur réussite collective. Le penchant sous-jacent de McCartney pour les mélodies entraînantes contrebalançait les tendances de Lennon, plus aventureuses et plus sauvages ; pourtant, une fois séparés, leur alchimie séductrice manquait de consistance. En l'absence de quoi que ce soit d'autre (et parce qu'il n'avait pas trop le choix avec les deux vedettes du groupe à couteaux tirés), Allen Klein décida d'engager le célèbre producteur de disques américain Phil Spector pour sauver les enregistrements commencés puis abandonnés pendant le projet de documentaire. Avec un titre qui fonctionnait, « Get Back » (qui reflétait la superbe ascension dans les classements du morceau enregistré sur le toit de l'immeuble de la Apple), Spector essaya de donner un sens à environ trente heures de matériel. Pendant qu'il poursuivait cette tâche herculéenne, parut un nouveau 45 tours, « Let It Be », une ballade classique écrite par McCartney dans laquelle Billy Preston jouait à nouveau du piano. Cette chanson qui ne vieillit pas ne put pas grimper dans les classements anglais à cause de la mélancolique « Wand'rin' Star » de l'acteur Lee Marvin, bien que « Let It Be » devînt à juste titre numéro un aux États-Unis, tout comme « The Long And Winding Road » quelques semaines plus tard. Cette dernière, provenant aussi de l'album *Let It Be* (fruits du travail de Spector) ne sortit pas comme 45 tours en Angleterre, peut-être parce que Paul McCartney n'était pas content du fait que Spector avait ajouté sans son autorisation un orchestre complet à un mixage irrégulier quelque peu instrumental ; pour McCartney, cela mit de l'huile sur le feu dans sa bataille avec ses collègues à propos de leur nouveau management, même si le succès commercial des chansons rendait ses plaintes relativement creuses.

« Des gens nous roulaient et vivaient sur notre compte – 18 000 ou 20 000 livres sterling par semaine sortaient de la Apple, et personne ne réagissait. » John

Même avant que l'album *Let It Be* ne perce finalement en mai 1970, McCartney avait annoncé qu'il avait quitté le groupe et il fut le dernier du quatuor à enregistrer un 33 tours en solo. Après leur premier 33 tours expérimental, *Two Virgins*, (exposé dans les vitrines des magasins dans une enveloppe de papier brun parce que la couverture montrait un portrait de face et complètement nu de Monsieur et Madame Lennon), Lennon et Yoko avaient continué avec deux autres disques tout autant d'avant-garde, *Life With The Lions* et *The Wedding Album* ; ce dernier était un coffret cartonné contenant des pièces de valeur telle qu'une photo d'un morceau de gâteau de leur mariage et la copie de leur certificat de mariage. Le Plastic Ono Band avait aussi sorti deux nouveaux 45 tours, « Cold Turkey » et « Instant Karma », et un 33 tours en live, *Live Peace In Toronto, 1969*, dont la première face, reconnaissable par sa musique orthodoxe, voyait la participation d'Eric Clapton. Quand « Cold Turkey » commença subitement à chuter dans les classements, et dans une tentative quelque peu désespérée de faire monter des ventes qui ne marchaient pas très bien, Lennon rendit sa médaille de Chevalier de l'Empire britannique à Buckingham Palace avec une note dans laquelle il protestait contre la participation de l'Angleterre dans la guerre du Biafra, contre le soutien de l'Angleterre à la police américaine dans le conflit du Viêt-nam, et parce que « Cold Turkey » était descendu dans les classements. Le deuxième album de George Harrison en solo fut soigneusement intitulé *Electronic Sound*, tandis que *Sentimental Journey* de Ringo réunissait des chansons banales.

Probablement le morceau le plus intéressant de toutes ces premières tentatives de solos était « Instant Karma », la première chanson d'un des Beatles produite par Phil Spector, bien que plusieurs indices de la pensée précise des refrains de Lennon soient détectables. Quoi qu'il en soit, le départ de McCartney déçut surtout les fans et les autres Beatles, parce qu'il insistait pour faire sortir son premier album en solo quelques jours avant l'album *Let It Be* tant attendu. En réalité, aucun des membres du groupe ne contestait l'évidence que les Beatles n'existaient

---

« *La seule chose importante dans la vie c'est le karma, qui en gros signifie action. Chaque action a une réaction, qui lui est égale et opposée.* » GEORGE

« *On commençait tous à devenir fous. C'était peut-être seulement un manque de tact ou de discrétion, mais les sensibilités se heurtaient, et notre plus grand problème à tous venait probablement du fait qu'il n'y avait pas moyen d'enrôler Yoko Ono ou Linda McCartney dans les Beatles.* » GEORGE

Ci-dessus : *Le premier album en solo de Paul McCartney est sorti quelques jours avant la chanson « Let It Be » des Beatles.*

plus, bien que cette déclaration de Paul l'amena à être considéré à tort comme le seul responsable de la séparation du groupe. L'album de Paul, au titre très fantaisiste de *McCartney*, était presque essentiellement une tentative de solo. C'était un début convenable, évidemment préférable aux autres albums en solo des membres du groupe qui parurent plus tard, mais il fut inévitablement éclipsé par *Let It Be*, malgré ses défauts. La première du film *Let It Be (Id.)* eut lieu en mai 1970, avec un accueil assez froid comme prévu, ce qui avait été probablement envisagé aussi par tous les membres du groupe, et aucun d'eux ne s'inquiéta dans l'attente de la grande nuit. John et Yoko étaient déjà en train de faire des albums ensemble, et Paul avait fait son début en solo. Ringo, le seul membre du quatuor qui n'était pas parolier, s'inquiétait quant à sa survivance artistique. Néanmoins, pendant la seconde moitié de 1970 le batteur était souvent présent sur les albums en solo des Beatles, plus que ses autres collègues, enregistrant son deuxième album personnel en solo, *Beaucoups of Blues*, un ensemble de chansons country qu'il enregistra à Nashville. Bien que décidément supérieur à *Sentimental Journey*, c'était toujours du travail dur, mais du fait qu'il était aussi impliqué dans des projets avec Lennon et Harrison, il avait sans doute peu de temps pour se plaindre de son insuccès commercial.

George se déclara lui-même heureux d'être son propre chef. Son abum *All Things Must Pass* fut un succès immense et inattendu : un triple album dans un coffret, qui comprenait un tube archi-célèbre « My Sweet Lord », le premier morceau d'un des Beatles en solo à avoir atteint le sommet des classements de part et d'autre de l'Atlantique, et il resta à la première place des classements américains pendant sept semaines, obtenant même le statut de double platine. À part Ringo, les autres participants au triple album étaient Eric Clapton et trois autres musiciens qui allaient devenir Derek and The Dominoes, tout comme Klaus Voorman, qui avait sympathisé avec les Beatles à Hambourg et qui était devenu un bassiste réputé. Parmi les hypothétiques remplaçants de McCartney, les médias évoquaient souvent Voorman comme cinquième Beatles, mais il se contenta de jouer sur les albums en solo de John et George.

Klaus avait eu différents rôles dans le Plastic Ono Band, y compris la composition *ad hoc* de l'album live de Toronto et des deux tubes récents, mais aucun de ceux-ci n'allait attirer l'attention comme l'avait fait *John Lennon/Plastic Ono Band*, un album souvent cité comme « l'album du Cri Primal », sur lequel apparaissait aussi le fidèle Ringo, et co-produit par Phil Spector. Cet album, contenant des déclarations de Lennon qui entendait faire revivre ses émotions réprimées, (le livre du psychiatre Arthur Janov, *Le Cri primal*, avait profondément impressionné John et Yoko) est loin d'être le plus accessible.

Les quatre Beatles produisirent séparément de nouveaux albums solos en 1970, et 1971 vit chacun d'eux poursuivre la route sur laquelle ils s'étaient engagés. Paul McCartney qui avait dans l'idée de former un nouveau groupe fut le plus prolifique, tandis que John Lennon continuait de travailler avec Phil Spector et bien sûr Yoko Ono. Ni George ni Ringo ne sortirent d'album cette année-là, bien que tous les deux avaient eu du succès dans les classements de 45 tours, desquels Ringo surtout avait été jusqu'alors absent comme artiste solo.

« *Quand les Beatles se séparèrent, je me sentis déstabilisé. On m'a accusé de les avoir plantés, ce qui n'était pas vrai. Nous étions tous assez bizarres à l'époque des affaires de tribunal. J'avais appelé John, et il m'avait dit de ne pas l'embêter, puis j'ai appelé George, et ce qu'il m'a dit n'avait rien à voir avec Hare Krishna.* » PAUL

« *Si chacun de nous quatre devait se mettre en face d'un million de fans et si ceux-ci devaient s'aligner derrière celui qu'ils préfèrent, je pense que c'est Paul qui aurait remporté le plus de succès, suivi de John et George en deuxième position, et moi en dernier.* » RINGO

B C
C.U.B
BOTTLES
CRATE
DEPOSIT
B C
CHARRINGTON
MILE END. E.1
CHARRINGTON
MILE END
C.U.B

LES ANNÉES EN SOLO

« Je ne me souviens pas si les gens nous critiquaient – on était tellement populaire que cela n'avait guère d'importance – mais des critiques peuvent vous massacrer une chanson alors qu'elle aurait pu plaire à un tas de gens. Quand vous émergez, tout le monde fait de tout pour vous, mais une fois que vous avez réussi, on veut vous descendre dès que c'est possible. »

RINGO

PAGE PRÉCÉDENTE : *Ringo Starr dans* THE MAGIC CHRISTIAN – « *On avait l'habitude de me proposer des rôles dans des films simplement parce que j'étais un ex-Beatle...* ».

Le premier 45 tours en solo de Paul McCartney, « Another Day », fut aussi son premier 45 tours à atteindre le Top Ten de part et d'autre de l'Atlantique juste après le succès de « My Sweet Lord » de George Harrison. Tandis que le disque de Paul perdait du terrain, et qu'un nouveau morceau du Plastic Ono Band, « Power To The People », le dépassait en grimpant, arriva « It Don't Come Easy » , le premier 45 tours de Ringo qui entre-temps s'était lui aussi mis à écrire. Avec ces quatre 45 tours de quatre Beatles au Top Ten, on se serait cru dans les années soixante, bien que le reste de l'année 1971 les ramenât à la réalité des années soixante-dix. Ringo interpréta le rôle de Frank Zappa dans son film *200 Motels*, dans lequel Zappa faisait une apparition confuse et Keith Moon des Who y jouait le rôle d'une nonne ! George, dont l'intérêt pour la musique et la culture du sous-continent indien ne cessait d'augmenter, participa à un concert de bienfaisance à New York en présence de toutes les stars pour réunir des fonds pour le Bangladesh (à l'époque la guerre civile sévissait dans cette province du Pakistan et beaucoup de gens y mouraient de faim). Du point de vue artistique, le Concert pour le Bangladesh fut un réel succès, bien que ni McCartney ni Lennon n'y participaient. Il paraît que Lennon refusa de s'y produire sans Yoko, tandis que Paul imposa probablement comme condition à son apparition que George accepte la dissolution du groupe des Beatles, ce qui était à l'époque source de disputes.

Les avocats de Paul avaient porté le reste du groupe devant le tribunal et un administrateur provisoire avait été désigné, mais cette victoire perdit de son impact quand on révéla que Klein avait gagné 44 millions de dollars pour les Beatles en 1970. Pendant ce temps, Paul enregistra un deuxième album en solo, *Ram*, avec des musiciens de New York, dont l'un, le batteur Denny Seiwell, allait plus tard rejoindre les Wings, le nouveau groupe lancé par les McCartney. Lennon interpréta deux des chansons de *Ram*, « Too Many People » et « Dear Boy » comme une critique de la part de son ex-partenaire.

L'album solo de Lennon qui parut par la suite, *Imagine*, ne comprenait pas seulement « How Do You Sleep », une chanson amère répondant vraisemblablement aux soi-disant reproches de Paul, et la chanson encore plus compatissante « Crippled Inside », mais aussi « Imagine », la chanson du titre, que l'on considère comme la chanson de Lennon la plus inspirée et la plus personnelle. *Imagine* était un album que les fans de Lennon attendaient avec beaucoup d'impatience et il est considéré partout comme son plus beau répertoire en solo.

On ne pouvait pas dire la même chose du deuxième 33 tours de l'année de Paul

À DROITE : *Fin 1972, Ringo fait ses débuts comme directeur de production dans* BORN TO BOOGIE.

McCartney, *Wild Life*, le premier album des Wings, le groupe qu'il allait diriger pendant les dix années suivantes. *Wild Life* ne fut certainement pas un triomphe, mais pas un désastre non plus (bien que ce fut le seul album original de McCartney avant 1979 qui ne réussit pas à atteindre les trois premières places et le Top Ten des classements anglais).

Bien que 1972 commençait sous les meilleurs auspices pour George, avec l'enregistrement d'un deuxième triple album dans un coffret – l'enregistrement du Concert pour le Bangladesh – ses bonnes intentions furent sapées quand le fisc américain insista sur les recettes de l'enregistrement, ce qui causa un retard pour l'argent plus que nécessaire qui devait arriver au peuple assiégé dù Bangladesh, au profit de qui le concert avait été donné, et qui mouraient de faim. Néanmoins, le coffret entra dans les classements anglais et gagna un Grammy Award ; l'aura de George était intacte, puisqu'il avait agi de bonne foi. Lui et Ravi Shankar (son prof de cithare), acceptèrent une récompense de l'UNICEF pour leurs efforts à réunir des fonds.

Ringo également eut une année satisfaisante, enregistrant son deuxième 45 tours du Top Ten, « Back Off Boogaloo », qui mit immédiatement en lumière ses progrés en tant que parolier. Il s'était produit dans un rôle non-musical dans le western-spaghetti *Blindman, le justicier*

aveugle (Blindman), dont la première eut lieu fin 1971 ; à la fin de 1972, il fit ses débuts comme producteur de films avec *Born To Boogie*, un documentaire essentiellement musical sur la star des ados Marc Bolan.

Paul était l'ex-Beatles le plus actif : il enregistra trois 45 tours cette année-là, dont deux furent bannis par la BBC, bien que trois devinrent des tubes (toutefois, on s'attendait à mieux). Le premier, « Give Ireland Back To The Irish », fut le premier enregistrement des Wings où Henry McCullough (ancien de la Grease Band, le groupe qui accompagnait avant Joe Cocker) était guitariste numéro un, mais la naïveté politique déployée dans le titre de la chanson provoqua des controverses. C'était peut-être pour ça que la chanson suivante de Paul fut la comptine « Mary Had a Little Lamb », qui avait peu de chance d'être bannie, mais qui atteint seulement le Top trente parce que beaucoup de gens refusaient de la prendre au sérieux. La fin de l'année produisit « Hi Hi Hi »/« C Moon » la première ayant été bannie pour sa suggestivité sexuelle. McCartney fut le premier membre du groupe à reprendre des tournées, vu que les Wings se produisaient dans des spectacles en Angleterre et ensuite en Europe. Il fut aussi accusé de détention de stupéfiants par deux fois au cours de l'année, la première fois parce qu'il fut surpris en possession de cannabis pendant la partie scandinave de la tournée, et la seconde pour culture de marijuana dans sa ferme en Écosse.

John Lennon consacra beaucoup de temps cette année-là à son activité politique et à essayer d'éviter son expulsion des États-Unis, où il vivait depuis septembre 1971. Après avoir participé à une manifestation à New York pour soutenir le boycottage des exportations de produits anglais contre la position du gouvernement anglais à propos de l'Irlande du Nord, on le considérait dans les cercles gouvernementaux américains comme un ennemi indésirable et, en mars, il fut sujet à un ordre d'expulsion qui parlait de sa condamnation pour possession de drogues de 1968. John fit appel contre cette décision en mars 1973.

Le seul 45 tours enregistré par les Lennon en 1972 en Angleterre était la chanson bien de saison « Happy Xmas (War Is Over) » qui en fait avait été enregistrée et était sortie aux États-Unis fin 1971, mais elle ne pouvait pas sortir en Grande-Bretagne à ce moment-là à cause d'une mésentente à propos des revenus de l'écriture des chansons. C'était évidemment un tube pour la période de Noël, produit par Phil Spector, et ce fut un succès en Angleterre pendant pas moins de six périodes de Noël entre 1972 et 1988. Non moins célèbre, un double album intitulé *Some Time In New York City*, un fouillis informe comprenant une moitié de

Page suivante :
Harmonie – John et Yoko à New York pendant les années 70.

« Nous avons à peine célébré notre quatrième anniversaire de mariage, nous ne sommes pas prêts pour dormir dans des lits séparés. » JOHN

« Vous ne pensez pas qu'il serait temps d'en finir avec toutes ces stupidités et donner un visa à John ? Il est l'un des meilleurs, et les États-Unis devraient être fiers que John veuille y vivre. »

RINGO À PROPOS DES DÉMARCHES AMÉRICAINES POUR L'EXPULSION DE JOHN chansons enregistrées en studio et l'autre moitié en live, dont certaines tirées d'un show à Londres en 1969, et d'autres d'un spectacle à New York avec les Frank Zappa's Mothers of Invention, y compris deux compositions médiocres intitulées « Jamrag » et « Scumbag ». Qualifier 1972 d'année décevante pour les quatre ex-Beatles est une déclaration bien en dessous de la vérité, et l'année suivante allait inévitablement produire du travail de meilleure qualité. Paul McCartney allait connaître une année brillante durant laquelle il enregistra deux albums, et l'un des deux est considéré comme son meilleur. Une différence significative était que, si ses trois derniers 45 tours et l'album *Wild Life* avaient été attribués simplement aux Wings, la plupart de ses enregistrements de 1973 résultaient être une production de Paul McCartney and Wings. La première de celles-ci était une impressionnante ballade, « My Love », qui devint numéro un des classifications américaines et se vendit à un million d'exemplaires. On la trouvait aussi sur *Red Rose Speedway*, le premier de ses albums, qui fut également numéro un aux États-Unis. En juin, la participation de Paul dans le film de James Bond *Vivre et laisser mourir (Live and Let Die)* devint un succès du Top Ten de part et d'autre de l'Atlantique, mais peu après Henry McCullough et Denny Seiwell quittèrent les Wings. Le trio restant, composé de Paul, Linda et Denny Laine, s'envola pour le Nigéria pour enregistrer un nouvel album, *Band On The Run*, qui a été largement acclamé après sa sortie à la fin de l'année et devint numéro un des classements dans le monde entier, restant dans les classements américains pour plus de deux ans ; il dépassait les six millions de vente à la fin de 1974.

Les autres ex-Beatles étaient, comme on pouvait s'y attendre, incapables de faire face à la gloire, même si chacun des trois rencontra un certain succès pendant l'année. George devint Numéro Un aussi bien avec le 45 tours, « Give Me Love (Give Me Peace On Earth) », et l'album d'où il était tiré, *Living In The Material World*, mais il était clair que son esprit était plus attiré par la spiritualité que par la musique. John Lennon continua son parcours d'auto-découverte (ou d'auto-indulgence, comme le considéraient beaucoup de critiques), et Ringo se mit non seulement à écrire mais réussit aussi un beau score avec un troisième 45 tours en trois ans, « Photograph » (qui était son premier Numéro Un aux États-Unis comme soliste), mais il décrocha aussi un rôle important dans un excellent long-métrage, *That'll Be The Day*, avec David Essex comme vedette. Néanmoins, les meilleures nouvelles de l'année de la part du quatuor furent quand le contrat d'Allen Klein avec les Beatles arriva à terme et ne fut pas renouvelé.

À GAUCHE : *Pendant une tournée en 1974, George déclare : « Cela m'est égal si personne ne vient m'écouter... Je veux exprimer ce que je ressens à l'intérieur de moi-même. »*

« Gandhi a dit : "Façonne et conserve l'image de ton choix." L'image de mon choix n'est pas le George des Beatles – ceux qui le souhaitent peuvent venir écouter les Wings. Pourquoi vivre dans le passé ? Soyez dans le présent. »

GEORGE

MORT ET RÉSURRECTION

« J'ai toujours senti, à l'instar de millions de gens, que c'eût été une chose merveilleuse que nous aurions tous aimé voir se produire. Ç'aurait été l'émotion la plus forte et la plus intense d'un producteur sur cette planète. »

RICHARD PERRY (PRODUCTEUR DE L'ALBUM DE RINGO), À PROPOS D'UNE REFORMATION DU GROUPE DES BEATLES

PAGE PRÉCÉDENTE : *Ringo Starr et son All-Starr Band – « il y avait une atmosphère vraiment magique dans ce groupe ».*

Ringo Starr réussit sa période la plus productive et la plus brillante en solo en 1973/74, avec la sortie de son troisième album, *Ringo*. En réalité, cet album comprenait chacun des quatre ex-Beatles. Quand George Harrison, qui avait joué sur tous les 45 tours de Ringo, était à Los Angeles occupé à travailler sur cet album, John Lennon vint lui aussi en studio pour écouter le matériel au complet, et tout en participant à « I'm The Greatest », une chanson qu'il avait écrite pour et sur Ringo, il joua du piano sur le morceau. Pendant cette période de composition de l'album, le producteur Richard Perry travaillait avec Paul McCartney sur un projet séparé, et Paul donna à Perry une piste intitulée « Six O'clock », que Linda et lui avaient enregistrée, et à laquelle Ringo ajouta un chœur. Perry produisit un album de Ringo en 1974, *Goodnight Vienna*, qui devint aussi disque d'or et comprenait deux titres supplémentaires du Top Ten, « Only You » (un autre classique) et « No No Song ». La piste intitulée *Goodnight Vienna* était écrite par John Lennon, et « Snookeroo » par Elton John et Bernie Taupin.

Outre son travail avec Ringo, George Harrison lança sa propre marque de disques, Dark Horse, et partit également pour une tournée désastreuse aux États-Unis, férocement critiquée. Harrison continuait à être fasciné par l'Inde, et il était sur le point de perdre sa femme, Patti Boyd, dont son ami Eric Clapton était amoureux. En 1976, un tribunal des États-Unis déclara que « My Sweet Lord » n'était autre qu'un plagiat de « He's So Fine », un tube d'un groupe américain féminin, The Chiffons (bien que George soutenait que si c'était le cas, sa chanson lui aurait été inspirée par le tube de 1969 de Edwin Hawkins Singers « Oh Happy Day »), et les éditeurs de « He's So Fine » reçurent plus d'un million et demi de dollars de dommages et intérêts.

John Lennon vivait aussi une période problématique sur le plan conjugal. Il s'était séparé de Yoko, qui l'avait encouragé, semble-t-il, à prendre de longues vacances en Californie avec son assistante personnelle, May Pang. Pendant presque une année, John et Yoko vécurent sur des côtes opposées des États-Unis tandis que John et May étaient ensemble aux alentours d'Holllywood.

Le 33 tours de John de 1973, *Mind Games*, avait eu un succès modéré, et la chanson du titre une fois sortie en 45 tours avait tout juste atteint le top vingt américain, ce qui fit penser qu'il était sur une pente descendante. Bien qu'il s'agissait d'une amélioration par rapport à *Some Time In New York City*, et que c'était probablement une tentative de retrouver le style plus commercial et plus satisfaisant de *Imagine*, l'album *Mind Games* comportait aussi un morceau silencieux, « Nutopian National Anthem », et le printed

« Déclaration de Nutopie », une région apparemment conceptuelle, sans pays, sans frontière, sans passeport (un référence très claire à l'ordre d'expulsion contre lequel Lennon combattait), inhabitée et sans loi (sinon cosmiques). L'album *Walls and Bridges*, qui rivalisait avec *Imagine* dans les classements américains d'albums, comprenait le single du Top Ten américain « #9 Dream » (plutôt meilleur que « Revolution 9 », heureusement) et « Whatever Gets You Thru The Night ».

Elton John avait joué sur le 45 tours de John « Whatever Gets You Thru The Night », et lui avait fait promettre de se produire sur scène avec lui si le disque arrivait en tête des classements américains. Ce fut le cas et Lennon fut donc l'invité surprise au Madison Square Garden Show de Elton. Yoko était dans le public ; quelques semaines après s'y être rencontrés, ils étaient à nouveau réunis.

Pendant son séjour à Los Angeles, John avait commencé à préparer un album de ses classiques de rock 'n' roll favoris, pour une production avec Phil Spector. Quoi qu'il en soit, Lennon était dans un état d'esprit étrange, et les résultats ne furent guère satisfaisants. Spector reprit les bandes et refusa de les restituer à Lennon jusqu'à la fin 1974, quand ce dernier se lança dans une semaine intense d'enregistrements pour compléter l'album ; la sortie de cet album fut néanmoins reportée jusqu'à début 1975, puisque *Walls and Bridges* se vendait encore très bien. Intitulée *Rock 'n' Roll*, cette série de classiques allait être son dernier album de nouveaux enregistrements pendant plus de cinq ans. Suite à leur réconciliation Yoko était maintenant enceinte. À la naissance de Sean Ono Lennon le 9 octobre 1975, John jura de passer les cinq premières années de la vie de son fils à faire le père modèle, et bien que peu de gens acceptaient de le croire, Lennon disparut effectivement de la circulation jusqu'en 1980. Alors qu'il jouait au « mari au foyer », il laissait toutes les autres tâches qui concernaient les affaires à sa femme. Le programme d'investissement préparé par Yoko leur garantit non seulement une certaine solvabilité, mais aussi d'être bel et bien multi-millionnaires.

George Harrison semblait patauger en termes musicaux, mais il trouva un nouvel intérêt dans le cinéma grâce à des films qu'il produisait lui-même. Il se

---

« *Nous avons décidé Yoko et moi d'être avec notre enfant autant que possible jusqu'au jour où nous sentirons que nous pouvons prendre du temps pour créer des choses en dehors de la famille.* » JOHN

À DROITE : *George Harrison et sa deuxième épouse, Olivia, avec laquelle il semble avoir trouvé enfin un équilibre.*

remaria également, et quand la deuxième Madame Harrison, Olivia Arias, donna naissance à un fils, Dhani, en octobre 1978, George semblait particulièrement heureux et en harmonie avec lui-même.

Mais qu'en est-il de Paul McCartney ? Différents membres se joignirent aux Wings puis les quittèrent, dont les albums à succès continuaient à envahir le marché: *Venus And Mars* en 1975, *Wings At The Speed Of Sound* en 1976 et *Wings Over*

« *L'homme qui offrit à chacun de nous cinq millions de dollars pour changer, souhaitait aussi, je suppose, promouvoir une lutte entre un homme et un requin. J'ai alors suggéré qu'il lutte contre le requin et que le gagnant puisse promouvoir un concert des Beatles.* »

GEORGE À PROPOS D'UNE PROPOSITION D'UNE NOUVELLE UNION DES BEATLES

America la même année, un triple album en live, et tous atteignirent les sommets des classements américains. En même temps, Paul multiplia aussi les succès avec des 45 tours : « Silly Love Songs » en 1976 vendu à un million d'exemplaires, « Mull Of Kintyre » à la cornemuse en

À GAUCHE : *Les nombreuses et virulentes critiques n'ont pas réussi à séparer Paul et Linda McCartney.*

1977 resta numéro un des classements anglais pendant neuf semaines (mais il fut complètement ignoré aux États-Unis) et « With A Little Luck » en 1978 fut un autre Numéro Un des classements américains, son sixième en solo. Début 1980, Paul fut arrêté à Tokyo pour détention de marijuana et passa sept jours en prison. Ces démêlés avec les autorités n'affectèrent évidemment pas sa popularité aux États-Unis, le plus grand marché du monde, puisqu'en juin il était de retour au top des classements américains de 45 tours avec une version live de « Coming Up », une chanson qui a fait partie de son deuxième album solo, *McCartney II*, sorti aussi en 1980. Au début de la nouvelle décennie, Paul était de loin l'ex-Beatles qui avait enregistré le plus. La période de gloire de Ringo était terminée elle aussi et George, pendant les dernières années de la décennie, consacra beaucoup de temps à son nouveau hobby, les courses de voitures du Grand Prix, n'enregistrant qu'un nouvel album entre 1976 et 1981.

Quoi qu'il en soit, ni le silence que George s'était imposé ni le déclin artistique sans surprise de Ringo ne causèrent autant d'intérêt que la disparition de John Lennon, car aussi bien Harrison que Starr restaient périodiquement visibles. Quand il fit son retour à la vie publique à la fin de sa cinquième année d'exil dans son bloc d'appartements de luxe de New York, le Dakota Building, il expliqua rapidement qu'il ne s'était pas tourné les pouces pendant cinq ans ; entre autres, il avait appris à cuisiner. En octobre 1980, Lennon produisit son premier nouveau disque depuis février 1975 « (Just Like) Starting Over », qui fut un succès dans le monde entier, en dépit des critiques généralement négatives qui le jugeaient plutôt terne. Il fut suivi en novembre par l'album *Double Fantasy*, qui reçut les mêmes critiques que le précédent. Même si en général on considérait le retour de Lennon de manière positive, son absence prolongée avait atténué ses qualités de fascination et de magie qui avaient fait de lui une star. Son 45 tours et son album semblaient cartonner dans les classements

---

« *Je suis devenu un spécialiste dans l'art de cuire le riz – on dit que tout le monde sait cuire le riz, mais peu de gens le cuisent bien. Je le cuis assez bien. Je sais aussi préparer du poisson et j'ai appris à faire du pain, ce qui m'a beaucoup ému. J'ai pris une photo de ma première miche de pain.* » JOHN À PROPOS DE SES TALENTS CULINAIRES

À GAUCHE : *John se sentait à l'aise à New York ; le public semblait s'intéresser à sa vie en toute amitié et sincérité.*

« J'avais pris l'habitude de me promener crispé, toujours prêt à ce que quelqu'un me dise quelque chose ou me saute dessus, et j'ai mis deux ans à me détendre. Maintenant je peux sortir d'ici tout droit par cette porte et aller au restaurant ou au cinéma – vous voulez savoir comme c'est chouette ? » JOHN

---

anglais début décembre, et il allait commencer à redescendre quand eut lieu la dernière tragédie pour les fans des Beatles : John Lennon fut assassiné. Mark Chapman était un soi-disant fan qui avait demandé à Lennon un autographe peu de temps auparavant. À sa deuxième rencontre brève avec l'ex-Beatles sous le Dakota Bulding, il tira cinq balles sur Lennon, sans raison apparente.

Tandis que les ventes de « (Just Like) Starting Over » et de l'album *Double Fantasy* augmentaient incroyablement suite à cette tragédie, tous les deux plafonnant dans les hit-parades de toute la planète, le monde retenait son souffle, réfléchissant peut-être aux déclarations précédentes de John sur les avantages de la vie à New York. Les autres ex-Beatles étaient très inquiets, on les comprend, d'un meurtre pareil et sans motif.

C'était la fin d'une époque. Plus jamais Paul, George et Ringo n'allaient devoir répondre à la question qu'on leur posait si souvent : quand les Beatles se réuniront-ils de nouveau pour donner un nouvel album ? Les Beatles furent le plus grand groupe de rock du monde. Certains ont tenté d'égaler leur magie, mais ne les ont jamais dépassés.

« L'assassinat de John nous a fait réellement peur à tous les trois – et quand un fan me reconnaît et vient à ma rencontre, ça m'énerve particulièrement. »
GEORGE

« Quand je suis sorti du Dakota building, je n'avais pas besoin de tous ces gens qui me racontaient combien ils adoraient les Beatles. J'étais venu voir un ami. »
RINGO

« Je n'aime pas que l'on me considère comme le plus pondéré des Beatles, j'aimerais être plus direct, comme John. Lui, d'une activité débordante, le plus fort partout, il pouvait aussi être un animal en action, ce dont personne ne se doutait. Après sa mort, on en a fait un Martin Luther Lennon, mais il n'était pas du tout cela, il n'était pas du tout un petit saint. » PAUL